ESSAI

SUR LA THÉORIE DES ÉLECTIONS.

SYSTÈME

D'ÉLECTIONS NATURELLES.

Consulter la Nation et lui obéir.

Vérité des élections.—Unité du pays.

CAHORS :

J.-P. COMBARIEU, IMPRIMEUR, RUE DU PARC.

1851.

ESSAI

SUR LA THÉORIE DES ÉLECTIONS.

SYSTÈME

D'ÉLECTIONS NATURELLES.

—

Par Alphonse COURBEBAISSE, ancien élève de l'École Polytechnique, Ingénieur des Ponts et Chaussées.

Consulter la Nation et lui obéir.

—

Vérité des élections.—Unité du pays.

CAHORS:

J.-P. COMBARIEU, IMPRIMEUR, RUE DU PARC.

1851.

A LA FRANCE.

—

Permets à un de tes enfants de te dédier ce travail entrepris dans un sentiment d'amour dévoué pour toi, ma noble patrie. Autant je suis énorgueilli de tes gloires, enivré de tes joies, autant j'ai le cœur déchiré par tes souffrances, et l'esprit constamment préoccupé d'en chercher le remède. Ce remède, je crois l'avoir trouvé, et je le soumets à ton jugement. C'est à la vérité, cette passion de mon esprit comme tu es celle de mon cœur, que je l'ai demandé.

Il m'a paru que la première cause de tes souffrances était le désaccord de tes enfants; tous t'aiment et veulent ton bonheur, mais combien ils diffèrent, grand Dieu! sur les moyens d'y arriver; et alors, plus vif est leur amour pour toi, plus grand est leur désir de te voir heureuse, plus leur colère s'exalte contre tout ce qui leur paraît s'opposer aux moyens dans lesquels ils ont foi, et cette colère peut aller jusqu'à mettre en leurs mains des armes fratricides !

Pour moi qui rêve leur accord, c'est dans le sentiment commun à tous de leur amour pour toi, de leur respect pour tes volontés, que j'ai espéré le trouver. Que tu paraisses et dises ce que tu veux, et chacun heureux t'obéira. Comment te faire paraître et commander à tes enfants égarés d'une manière si éclatante et si sûre qu'aucun ne puisse te méconnaître ?

C'est là le problême que je me suis posé, et que je crois avoir résolu en te personnifiant dans une Assemblée qui soit ton résumé si fidèle et si complet, que la voix du plus obscur de tes enfants y soit comptée, y soit présente, sans qu'aucun soit oublié. Un système d'élections vraies, pris dans les lois de la nature, m'a conduit à ce résultat.

J'expose ce nouveau système d'élections naturelles dans ce petit ouvrage, invitant chacun à le juger, à le perfectionner, à le compléter; j'aurais voulu t'offrir un travail plus intéressant et moins indigne de toi; mais le don d'émouvoir et d'intéresser n'est pas accordé à tous, et je ne l'ai pas. Je ne sais que chercher la vérité et l'exposer sans art; à d'autres mieux doués, qui savent l'embellir et la rendre attrayante, je laisse la tâche de continuer mon œuvre.

Mai 1851.

TABLE DES MATIÈRES.

Pages.

INTRODUCTION.—Origine et esprit de ces études. . . . 7

QUESTIONS PRÉLIMINAIRES.—Suffrage complètement universel.—Suffrage direct ou indirect.—Libre choix des électeurs entre les deux modes. 11

CHAPITRE 1er.—Position de la question.—Principes généraux de toute élection.—Chaque électeur doit être fidèlement représenté par son vote.—Tous les votes doivent être représentés. — Unité d'élection.—Vices radicaux des procédés connus. 14

CHAPITRE 2.—Exposition du système d'élections naturelles.—Renouvellement annuel et partiel des Assemblées.—Unité du vote. — Unité du dépouillement.— Vote de l'électeur dans sa commune sans déplacement. —Election préparatoire déterminant les candidats.— Election définitive entre ces candidats.—Représentation de tous les suffrages.—Système de la représentation directe.—Son application à la formation des commissions des Assemblées.—Nécessité pour les membres de l'Assemblée de droits égaux , et de la représentation par chacun d'un même nombre de suffrages.—Système de délégation entr'eux par les candidats des suffrages qu'ils ne peuvent représenter directement.—Son application provisoire après le premier scrutin , définitive après le second. 20

CHAPITRE 3.—Ébauche d'un projet de loi pour l'élection de l'Assemblée nationale. 31

Chapitre 4.—Application du nouveau procédé.—Simplicité et facilité de son exécution matérielle.—Examen des objections qu'il peut soulever.—Étude des principaux mobiles agissant sur les électeurs, et de leur action dans le nouveau système.—Action de la presse.— Travail des intérêts et opinions entre les deux scrutins. — Amélioration du vote des électeurs ignorants. — Calme des élections dans le nouveau système.—Nombre des Représentants.—Variations du contingent fourni par l'élection annuelle. — Traitement et pension de retraite pour les Représentants. 35

Chapitre 5.—Caractère des élections naturelles et des Assemblées qu'elles produiraient.—Autorité et gouvernement de ces Assemblées.—Observations aux adversaires divers des Assemblées.—Application du nouveau système à toutes les élections.—Application à des élections à quatre degrés pour la commune, le canton, le département et le pays.—Essai dans les élections de sociétés libres 52

Résumé sommaire du nouveau système d'élections naturelles.—Appel au travail des esprits sérieux et dévoués. 60

Les personnes qui voudraient avoir une idée du nouveau système sans lire la brochure, n'ont qu'à parcourir le résumé sommaire de la fin et le projet de loi formant le chapitre 3e.

ESSAI

SUR LA

THÉORIE DES ÉLECTIONS.

SYSTÈME D'ÉLECTIONS NATURELLES.

INTRODUCTION.

ORIGINE ET ESPRIT DE CES ÉTUDES.

Ce travail n'est pas une œuvre de parti : c'est un essai d'application de la science froide et impartiale à la question brûlante des élections.

J'ai été conduit à ces recherches par la préoccupation qui porte tous les esprits à découvrir les moyens de sortir de l'impasse apparente où la France est engagée.

A ne voir que les agitations des partis, à n'écouter que leurs clameurs discordantes, on se croirait arrivé à une de ces époques funestes de crise et de confusion, dont on ne peut sortir que par la voie sanglante des guerres civiles. Mais en allant au fond des choses, en cherchant, au-dessous de cette agitation surperficielle, quels sont les sen-

timents , la volonté de la Nation , l'esprit calmé se rassure ; il reconnaît que la plus grande partie du pays ne
partage pas ces passions furieuses et effrayantes qui paraissent prêtes à s'entrechoquer.

Le pays, s'élevant au-dessus de nos divisions, n'ap-
partient à aucune opinion politique , et ce n'est pas par
apathie, par indifférence; il porte un vif intérêt aux
questions politiques ; il suit attentivement la marche des
faits , mais il ne partage les passions d'aucun côté; il a une
horreur instinctive pour les révolutions, les guerres civiles,
les luttes haineuses et désordonnées des partis ; affligé par
l'aspect de tout désordre , de toute souffrance, de toute
oppression , il couvre d'une bienveillance commune les
partis tombés dont il oublie les fautes pour plaindre les
douleurs, et le pouvoir dont il désire que chacun facilite et
éclaire la marche dans l'intérêt général.

En bonne mère de famille, la France a une réserve iné-
puisable d'affection pour tous ses enfants, d'indulgence pour
leurs fautes , de pitié pour leurs douleurs, et elle n'éprouve
d'aversion que pour la haine, l'intolérance, l'égoïsme, et les
appels trop fréquents des partis à ces mauvais sentiments.

Qu'on se rassure donc : le pays ne veut ni guerres civiles, ni révolutions ; il veut l'ordre, la paix, le libre essor
du travail. Sa volonté bien arrêtée saura se faire jour et
obtenir l'obéissance de tous. On doit même reconnaître ,
à la louange des partis , et comme un symptôme des plus
favorables, qu'ils s'accordent, au milieu de leurs luttes
passionnées, pour en référer au vœu du pays ; et pour
déclarer qu'ils sont prêts à obéir à sa volonté clairement
exprimée.

Quel est donc le moyen de faire apparaître, d'une manière éclatante et certaine, cette volonté du pays qui doit
produire l'accord de tous? Comment en appeler à cette
raison bienveillante de la Nation, qui nous a déjà sauvés
dans le passé, qui doit nous sauver dans l'avenir? Telle
est la préoccupation constante qui m'a conduit à l'étude
des questions électorales, autour desquelles s'agitent les
partis, chacun cherchant à les faire décider dans le sens
de ses désirs, de ses illusions. Ai-je besoin de dire que
c'est à un point de vue parfaitement impartial que je me
suis placé? N'appartenant exclusivement, pas plus que la
masse de la Nation, à aucune opinion politique, répugnant
aux sentiments étroits et exclusifs des partis, je me suis
posé pour seul but de trouver un procédé électoral donnant
une représentation du pays exacte et complète, persuadé,
je le répète, que la seule difficulté du moment était de
faire surgir cette sagesse profonde de la masse du pays,
pour imposer sa volonté respectée à tous les partis, et juger
en arbitre puissant toutes leurs dissidences.

Mes efforts consciencieux ont eu, je crois, un résultat
utile, et je suis arrivé au procédé électoral, sûr et exact,
que j'ai cherché si long-temps. Mon devoir est de le publier, non que je me fasse illusion sur l'effet immédiat de
cette publication; obscur et inconnu, n'ayant à ma disposition ni les charmes du style, ni la puissance que donne
la passion ardente, pour intéresser le lecteur et lui dérober
l'aridité du sujet que je traite, je ne puis m'adresser qu'à
ce petit nombre d'esprits travailleurs qui ne craignent pas
les études sérieuses, qui savent vaincre les dégoûts d'une
forme rebutante, et, satisfaits de trouver des idées justes et

fécondes , pardonnent aisément le défaut d'art et d'attrait. C'est à ces bons esprits que je m'adresse , sachant que mes études ne peuvent aboutir qu'après avoir été d'abord complétées et fécondées par leur travail. Je les prie d'examiner mûrement ces idées , de les épurer , de les rendre praticables , si elles ne le sont pas encore , et de les vulgariser enfin par la puissance de leur talent.

Le système d'élection auquel je suis arrivé n'est donc pas le produit d'idées préconçues dans le but de favoriser tel ou tel parti : il est sorti de l'étude consciencieuse de la nature des choses. Je crois qu'il est conforme aux lois et aux procédés de la nature , dans ses opérations analogues. C'est pour cela que je lui ai donné le nom de *Système d'Élections naturelles.*

QUESTIONS PRÉLIMINAIRES.

—

SUFFRAGE COMPLÈTEMENT UNIVERSEL.—SUFFRAGE DIRECT OU INDIRECT.—LIBRE CHOIX DES ÉLECTEURS ENTRE CES DEUX MODES.

Le nouveau système d'élections que je veux exposer est tout-à-fait indépendant de la composition du corps électoral : aussi avais-je l'intention de laisser complètement de côté cette question qui touche de trop près aux passions politiques. Je me bornerai du moins à émettre un simple avis sur les questions si controversées du suffrage universel ou restreint, direct ou indirect.

En principe, il est évident que le droit de voter devrait être conféré à tous, tous ayant intérêt à l'ordre social ; mais l'application de ce principe est-elle mûre aujourd'hui? Tous les citoyens sont-ils assez éclairés pour émettre en général un vote utile ? C'est une question sur laquelle je ne puis rien affirmer. Les expériences que nous avons faites du suffrage universel m'ont conduit toutefois à penser, contrairement à mon opinion antérieure, que la France est en état de l'exercer : je ne craindrais pas, pour ma part, de voir conférer les droits électoraux à tout Français majeur ; je voudrais même que chacun pût émettre autant de votes qu'il représente de personnes, le mari représentant sa femme, le père ses fils mineurs et ses filles non mariées, etc.

Tout le monde , en effet, a intérêt à l'ordre social, les femmes et les enfants , aussi bien que les hommes ; et si on ne peut les laisser voter directement, on doit attribuer leurs votes au représentant naturel et légal de leurs intérêts. La famille , base de notre ordre social , deviendrait aussi par ce moyen la base de notre système électoral , destiné à maintenir , en les améliorant , les conditions d'existence de la société. Ce système de suffrage réellement universel me paraît conforme aux principes de l'unité de l'ame humaine, et de l'égalité de droits aux yeux de Dieu et de la société, de tous les membres de cette société. Toutefois, je le répète, je ne me prononce pas sur l'utilité de l'application actuelle de cette idée , bien simple sans doute , mais qui paraîtra peut-être bizarre et hardie à beaucoup de personnes. Je la soumets seulement à la méditation des bons esprits , et ne veux entrer dans aucune question de détail sur sa réalisation.

Le suffrage doit-il être direct , ou à deux ou plusieurs degrés ? C'est encore une question sur laquelle, je l'avoue , je n'ai pas une opinion parfaitement arrêtée : je pencherais cependant , comme solution pratique actuelle , pour le suffrage direct , dont les inconvénients seraient fortement atténués , comme on le verra , par le nouveau mécanisme électoral. Il serait d'ailleurs possible de concilier les partisans des deux systèmes , en adoptant le suffrage indirect libre , c'est-à-dire , en laissant à chaque électeur le choix entre les deux modes. Pour cela , il serait ouvert , avant le vote direct , dans chaque commune ou section , un scrutin où chaque électeur serait libre d'aller exercer et épuiser son droit électoral , en le déléguant par son vote à un électeur de la même section. Le dépouillement de ce scrutin donnerait aux électeurs qui y seraient nommés, le droit d'émettre autant de vôtes, en sus des leurs, qu'ils auraient obtenu de voix. Les électeurs voulant voter directement, n'iraient point à ce scrutin, et conserveraient leurs cartes d'électeur pour le vote direct, ou n'auraient, en y allant, qu'à voter eux-mêmes. Ce vote indirect libre est une idée nouvelle que j'ai cru utile de livrer à la discussion, mais sans la proposer d'une manière formelle. Pour le moment, le vote direct me paraît préférable, et il est réservé, je crois, à l'avenir, d'organiser le vote indirect à un grand nombre de degrés, dont je donnerai un exemple à la fin de ce travail.

J'arrive enfin au nouveau procédé que j'ai trouvé, et qui est, je le répète, complètement indépendant du mode de formation du corps électoral.

CHAPITRE 1er.

Position de la question.—Principes généraux de toute élection.—Chaque Électeur doit être fidèlement représenté par son vote.—Tous les votes doivent être représentés.—Unité d'élection.—Vices radicaux des procédés connus.

Que le vote soit universel ou restreint, direct ou indirect; que le corps électoral soit formé d'après le cens ou autres catégories déterminées par la loi, ou qu'il soit le produit d'élections indirectes, la question se réduit toujours, un corps électoral censé représenter le pays étant donné, à TIRER DU VOTE DU CORPS ÉLECTORAL SA REPRÉSENTATION EXACTE ET COMPLÈTE.

La question ainsi posée doit être évidemment acceptée par tous: nul ne peut nier son importance. Chacun sent que pour qu'une Assemblée représentant une Nation ait sur elle l'autorité nécessaire et puisse travailler avec fruit à son bonheur, il faut que cette Assemblée représente cette Nation bien exactement et sans contestation possible. Toutes les discussions de lois électorales ont eu pour but accepté par tous de résoudre cette importante question de la représentation fidèle et complète du pays: je crois donc inutile d'insister plus long-temps pour montrer que la question est bien posée.

Les nombreuses solutions essayées jusqu'à présent n'ont pas été heureuses : c'est que toutes ont péché à la base par la violation des premiers principes de toute élection , principes encore peu étudiés et mal connus. La recherche préalable de ces principes doit être la base de nos études.

Quels sont les principes généraux qui doivent présider à toute élection ? Telle est la première question que je me suis posée.

Toute élection a pour but la représentation d'une certaine collection d'individus par un nombre de personnes moindre, ou, en d'autres termes , la réduction à une certaine échelle d'un ensemble d'électeurs en un petit nombre d'élus. Pour que cette représentation réduite puisse s'opérer, il faut admettre , et cela est en effet , que les personnes à représenter peuvent se classer par groupes ayant des intérêts à peu près identiques et pouvant se faire représenter par une seule personne, le type le plus complet de ces intérêts. Le mécanisme électoral doit donner aux électeurs le moyen d'opérer régulièrement ce classement, de manière à ce que tous puissent y trouver leur place. Pour cela , la loi doit éclairer le vote de chacun , mais le laisser complètement et réellement libre, pour que chaque électeur, dans son vote, puisse se représenter fidèlement et entièrement , non pas seulement sous un rapport, mais sous tous les rapports , dans toutes ses idées, tous ses sentiments , tous ses intérêts ; il faut ensuite que la loi tienne compte de tous les votes, à la seule condition qu'ils se réunissent en assez grand nombre pour être comptés, et elle doit leur en fournir le moyen. Un procédé électoral , qui ne tient compte que d'une partie des votes, ne peut donner que la représentation de cette partie des électeurs, et si ces votes ne représentent qu'imparfaitement ceux qui les ont émis, il ne peut donner qu'une représentation imparfaite, même de cette partie. Si, au contraire, chaque vote représente exactement celui qui l'émet, et qu'il soit tenu compte de tous les votes, le procédé électoral qui réalisera ces deux conditions, donnera une représentation exacte et complète de tous les votants.

J'admets donc, comme principes nécessaires de toute élection :

Vote éclairé et libre, représentant fidèlemlnt celui qui l'émet ;

Égale représentation de tous les votes.

Ces principes me conduisent, pour pouvoir être satisfaits, à un autre qui peut s'établir en outre de lui-même. J'appellerai ce principe supérieur unité d'élection.

Ce principe demande l'unité de vote dans le bulletin, l'unité de dépouillement pour tout le pays. Pour arriver à la représentation réduite d'une collection d'électeurs, où plusieurs doivent être représentés par un, il y a, en effet, quelque chose d'absurde à demander à chacun le vote d'une liste, comme si chacun devait être représenté par plusieurs. Les noms portés par un électeur sur une liste n'ont pas d'ailleurs des droits égaux à sa confiance, et pourtant ils ont des droits égaux dans le dépouillement. Quant à l'unité de dépouillement, il me paraît évident que, pour avoir une Assemblée réalisant l'unité du pays, tendant à la convergence des idées, des sentiments, des intérêts de ce pays, il ne faut pas commencer par le diviser et le séparer dans les élections, mais lui laisser, au contraire, pour ce grand acte, son unité entière. J'admets donc l'unité de vote dans le bulletin, l'unité de dépouillement dans le pays, comme premières conditions de l'unité d'élection.

Il est une autre condition d'unité : c'est que l'Assemblée se renouvelle partiellement chaque année : ceci est nécessaire pour que l'Assemblée soit constamment dans le même rapport d'unité avec le pays ; c'est, en outre, nécessaire pour qu'il y ait stabilité et tradition dans le Gouvernement. Le système contraire d'Assemblées nommées en entier pour plusieurs années, conduit à des Assemblées, tantôt trop jeunes, tantôt trop vieilles : lorsqu'elles viennent d'être nommées en entier, elles représentent bien le pays, mais seulement sa volonté actuelle avec sa spontanéité et ses fantaisies du moment, et elles n'ont dans leur sein ni tradition, ni expérience ; à mesure qu'elles vieillissent sans se renouveler, elles ne tiennent pas compte du changement graduel et constant qui s'opère dans les sentiments du pays, et cessent de le représenter exactement. Ces renouvellements entiers à de longs intervalles donnent lieu, en outre, à des changements brusques dans le Gouvernement, avec lacune dans la représentation nationale, qui troublent le pays et l'agitent outre-mesure.

Ce principe d'unité d'élection demandant unité de vote dans le bulletin, dépouillement unitaire des bulletins et renouvellement annuel d'une partie de l'Assemblée, peut donc s'établir par lui-même ; mais il est en outre nécessaire, pour que les votes soient libres et puissent être tous comptés. Quand le pays est divisé en circonscriptions électorales, tous les électeurs d'une circonscription sont forcés de se faire représenter par les mêmes personnes, quelles que soient la variété et la divergence de leurs idées, variété presque aussi grande dans une circonscription que dans tout le pays ; la liberté réelle de l'électeur est détruite , parce qu'il est forcé, pour que son vote ait *chance* d'être compté, de se prononcer entre un petit nombre de candidats choisis par les opinions *politiques* les plus nombreuses dans la localité , que ces candidats lui conviennent ou non ; et après avoir détruit la liberté du vote qui ne peut plus représenter fidèlement l'électeur contraint qui l'émet , la circonscription électorale rend impossible la représentation de tous les votes , en ne tenant aucun compte des minorités, quelque considérables qu'elles soient , plus nombreuses quelquefois par leur réunion que la majorité dont il est seulement tenu compte. Comment de pareilles élections où le vote ne peut pas représenter l'électeur , et qui ne tiennent compte que d'une partie des votes , pourraient-elles donner des Assemblées représentant bien le pays et ayant autorité sur lui ? Evidemment cette autorité sera contestée à chaque instant par les parties qui y seront en minorité.

Les trois principes généraux qui doivent présider à toute élection sont donc :

Unité d'élection ;

Vote éclairé et libre , représentant fidèlement l'électeur qui l'émet ;

Égale représentation de tous les votes.

Les divers modes d'élection employés jusqu'à présent , ne satisfont aucun de ces trois principes; aussi leurs mauvais résultats ont-ils conduit à les changer sans cesse ; ils ont tous péché par le faux principe de la circonscription électorale , reste naturel de nos anciennes divisions territoriales, qui a dû être d'abord nécessaire , mais qui doit tomber devant le principe supérieur d'unité, assez réalisé aujourd'hui dans le pays pour pouvoir passer dans ses élections. La circonscription électorale, au lieu de représentans du pays entier, ne donne que des représentans de fractions du pays; le nom de *représentans de clocher* dont on avait frappé les élus d'arrondissement, montre assez la réalité de ce grave inconvénient; un premier pas vers l'unité d'élection a fait étendre au département la circonscription électorale; mais on est tombé alors dans cette autre erreur du scrutin de liste, dont les conséquences anormales ont fait regretter même l'ancien système à beaucoup de bons esprits.

Les divers systèmes essayés ont d'ailleurs eu leur raison d'être et leur utilité relative; c'est à l'expérience qu'ils nous auront donnée que nous devrons les progrès accomplis dans les systèmes futurs.

En résumé, les principes posés sont évidents et incontestables; les divers systèmes connus ne les satisfont point, et sont par suite radicalement défectueux. Personne, je crois, ne contestera ces deux vérités; mais on me dira qu'il est peut-être impossible de faire mieux, et on me demandera comment on pourrait satisfaire facilement les principes que j'ai établis; c'est ce que je vais exposer.

CHAPITRE 2.

Exposition du système d'élections naturelles.—Renouvellement annuel et partiel des Assemblées.—Unité du vote.—Unité du dépouillement.—Vote de l'Électeur dans sa commune sans déplacement.—Élection préparatoire déterminant les candidats. — Élection définitive entre ces candidats.—Représentation de tous les suffrages.—Système de la représentation directe.—Son application à la formation des Commissions des Assemblées.—Nécessité pour les membres de l'Assemblée de droits égaux, et de la représentation par chacun d'un même nombre de suffrages.—Système de délégation entr'eux par les candidats des suffrages qu'ils ne peuvent représenter directement.—Son application, provisoire après le premier scrutin, définitive après le second.

Nous avons déjà vu que pour satisfaire au principe de l'unité d'élection, toute Assemblée devait être renouvelée en partie par une élection annuelle ; que chaque bulletin de vote ne devait porter qu'un candidat ; que tous les bulletins devaient être réunis pour un seul dépouillement général.

Pour faciliter le vote à tous les électeurs, il doit avoir lieu dans chaque commune divisée, suivant son étendue, en un assez grand nombre de sections électorales pour que chaque électeur puisse voter sans déplacement sensible. Les bulletins n'étant pas ouverts sur place, mais devant être réunis au lieu du dépouillement général, le petit nombre d'électeurs de chaque section n'est plus un obstacle au secret du vote, avec la prescription rigoureuse de l'uniformité extérieure des bulletins.

. Pour arriver au classement libre et régulier des électeurs par groupes se réunissant sur les mêmes mandataires, la loi doit éclairer leur vote par un scrutin préparatoire leur faisant connaître tous les candidats des divers intérêts, sentiments, opinions qui se partagent le pays. L'utilité, la nécessité même des élections préparatoires sont bien indiquées par l'expérience; la loi, en les organisant d'une manière générale, rendrait inutiles toutes les élections préparatoires particulières, et enlèverait, par cette mesure et par le dépouillement unitaire, toute raison d'être aux clubs et réunions particulières d'électeurs. Le suffrage universel, s'il était adopté, serait ainsi débarrassé de ce cortège dangereux qui était un de ses plus graves inconvénients.

Dans le scrutin préparatoire, l'électeur ayant sous les yeux, comme renseignement, la liste des membres sortant de l'Assemblée et celle des candidats non élus de l'année précédente, éclairé d'ailleurs par les sollicitations multiples de tous les intérêts et opinions qui prétendent s'assimiler avec les siens, peut voter librement pour le candidat qui lui convient le mieux, sans avoir trop à se préoccuper du nombre de voix qu'aura ce candidat, et de la crainte de perdre sa voix. Chaque bulletin doit désigner complètement son candidat par ses NOM, PRÉNOM, AGE, LIEU DE NAISSANCE ET PROFESSION ; cette nécessité de désignation complète, imposée par le dépouillement unitaire, est plutôt un avantage qu'un inconvénient, en garantissant que l'électeur connaît jusqu'à un certain point son candidat.

Ce premier scrutin doit être suivi d'un dépouillement général opéré par les soins de l'Assemblée, dépouillement qui réunit les votes semblables de toutes les parties du pays, et assure d'une manière absolue le secret du vote.

La loi doit fixer le nombre de suffrages suffisant pour être candidat au scrutin définitif, et le minimum du nombre de ces candidats. Ce nombre doit être assez grand pour que chaque électeur puisse trouver parmi eux un candidat au moins le représentant d'une manière amplement suffisante.

La liste de ces candidats est dressée par ordre de suffrages, et dans le dépouillement du scrutin définitif, il ne sera tenu compte que des bulletins portant un de ces candidats; dans ce scrutin, l'électeur dont le choix avait réuni trop peu de suffrages pour être sur la liste, se trouve en mesure de choisir entre les nombreux candidats qui lui sont indiqués par la voix du pays, celui qui lui conviendra le mieux; les autres peuvent, ou répéter leur premier vote, ou voter pour un des autres candidats qui leur conviendrait davantage. (1)

L'effet de ces dispositions assure évidemment la liberté du vote en l'éclairant. Nos deux premiers principes d'unité d'élection et de vote éclairé et libre sont ainsi satisfaits autant que possible; il nous reste à satisfaire le dernier, celui de l'égale représentation de tous les votes.

(1) Le vote n'est donc plus libre, me dira-t-on, dans le scrutin définitif, puisqu'il ne peut plus s'exercer que dans un cercle restreint de candidats? Il est limité en effet, mais dans la stricte mesure nécessaire et ce sont les électeurs eux-mêmes qui ont tracé le champ étendu où il s'exercera; l'électeur étant d'ailleurs plus éclairé pour l'émettre, se trouvera en réalité plus libre que dans le premier scrutin.

Le premier moyen qui se présente pour remplir cette importante condition, serait d'admettre tous les candidats en donnant à chacun d'eux, dans les votes de l'Assemblée, un nombre de voix égal à celui qu'il aurait obtenu dans le scrutin définitif. Ce moyen d'une exactitude rigoureuse n'est praticable que pour des Assemblées qui auraient à émettre un petit nombre de votes sur des sujets déterminés; il pourrait, par exemple, s'appliquer à la nomination des commissions chargées par les Assemblées de l'examen et de la préparation des projets de lois. (1)

Ce premier système de la représentation directe de tous les suffrages pourra peut-être dans l'avenir s'appliquer à la nomination d'Assemblées politiques n'exerçant plus qu'un droit souverain de contrôle, et débarrassées des détails compliqués des lois de toute nature.

(1) Les Commissions chargées par les Assemblées de l'examen et de la préparation des projets de lois, ne représentent pas exactement l'Assemblée qui les nomme, par suite du mode vicieux de leur formation actuelle.

L'Assemblée se divisant en bureaux tirés au sort, chaque bureau nomme, à la majorité absolue, un ou plusieurs Commissaires ; c'est un système d'élection analogue au système d'élection de l'Assemblée elle-même par le pays divisé en circonscriptions électorales.

Avec ce système d'élection, il suffit qu'une opinion soit en majorité dans tous les bureaux pour composer exclusivement chaque Commission; il arrive alors, par la force des choses, que la discussion n'a plus lieu au sein de ces Commissions au point de vue de l'intérêt général, mais au point de vue exclusif de la seule opinion qui y est représentée. Les projets de loi qui sortent de ces Commissions sont plus absolus, moins bien préparés, parce que les éléments utiles de la discussion ont manqué ; ils ne peuvent toujours soutenir l'épreuve de la discussion publique, et il arrive souvent à l'Assemblée de renverser ou de bouleverser l'œuvre de ses Commissions. C'est une image de ce qui a lieu par suite des mêmes causes pour le travail des Assemblées sorties des circonscriptions électorales, lorsqu'il est soumis au jugement du pays qui les a nommées.

Ces commissions, pour représenter exactement l'Assemblée, devraient

Mais il ne peut convenir pour nos Assemblées actuelles; il est évident que chaque membre de ces Assemblées doit avoir des droits égaux dans la discussion et dans le vote; chacun doit, par conséquent, représenter un même nombre de suffrages, nombre fixé par la loi pour chaque Assemblée, échelle de réduction électorale.

Or, les suffrages ne se répartissent pas évidemment sur les candidats suivant ces nombres égaux, et on ne peut obtenir des électeurs cette égale répartition, en laissant leur vote libre et secret; pour y arriver, nous ne pouvons que nous adresser aux candidats eux-mêmes; nous devons admettre que l'électeur, en choisissant librement dans le pays l'homme qui a le plus sa confiance et qu'il trouve le plus digne de le représenter, lui donne, pour le cas où il ne pourrait le représenter lui-même, le

être nommées de la manière suivante: après la discussion dans les bureaux, il serait ouvert un scrutin général pour la nomination des Commissaires, où chaque membre de l'Assemblée déposerait un bulletin portant un seul nom. Ce scrutin étant dépouillé, le nombre fixé de Commissaires serait pris en tête de la liste; et pour retrouver les voix perdues en dehors de ces Commissaires, il serait ouvert un nouveau scrutin où ne seraient comptés que les bulletins portant le nom d'un des Commissaires. La Commission serait alors formée de tous ces Commissaires, chacun ayant, dans les votes de leur réunion, un nombre de voix égal à celui qu'il aurait obtenu dans le second scrutin.

Les Commissions ainsi formées seraient évidemment une réduction exacte et complète de l'Assemblée, chaque membre de cette Assemblée y étant représenté, et sa voix étant comptée dans le vote du Commissaire auquel il l'aurait donnée; le travail de ces Commissions, mieux préparé, serait généralement sanctionné par l'Assemblée. Les minorités ne seraient plus mises, pour ainsi dire, à la porte des Commissions et réduites à attendre leurs projets dans la discussion en Assemblée générale; elles pourraient concourir, comme la majorité, à l'utile préparation des lois, et elles en deviendraient plus laborieuses et moins turbulentes. »

droit de reporter son suffrage sur celui des autres candidats qu'il en juge le plus digne (1).

Ce droit si naturel admis, suffit pour résoudre facilement la question et arriver à la répartition de tous les suffrages par groupes égaux au chiffre légal sur un certain nombre de candidats chargés de les représenter. Nous opérerons cette répartition deux fois: une première fois provisoirement après le scrutin préparatoire, et la seconde fois définitivement après le scrutin définitif.

La liste des candidats ayant été dressée par ordre de suffrages après le dépouillement du scrutin préparatoire, tous ceux qui auront obtenu le nombre de suffrages que doit représenter chaque élu, seront déclarés élus provisoires ; et comme ils auront, en général, obtenu plus que ce nombre, pour que l'excédant ne soit pas perdu, ils devront reporter cet excédant, à leur choix, sur les candidats qui n'en ont pas obtenu assez, jusqu'à complément, pour chacun de ces candidats, du nombre fixé, et jusqu'à épuisement de cet excédant ; ils choisiront naturellement pour ce report les candidats les plus rapprochés de leurs opinions, qu'ils supposeront le mieux convenir à leurs électeurs, et ayant, en outre, le plus grand nombre de voix.

Tous les candidats que ce report d'excédant fait arriver au nombre nécessaire sont déclarés élus provisoires.

____

(1) Les partisans absolus du suffrage direct m'arrêteront ici pour me dire: c'est là de l'élection indirecte, et nous n'en voulons pas; je les prierai de remarquer que cette élection indirecte ne s'exercera que dans le champ tracé par le suffrage direct, et seulement pour les suffrages qui seraient perdus sans cette disposition; ils verront, en outre, s'ils veulent continuer, que l'exercice de cette délégation sera soumis au contrôle des électeurs dont les suffrages sont délégués.

3.

Les candidats restants sont alors invités, à partir du dernier, à reporter leurs suffrages sur les candidats au-dessus d'eux : ce report successif concentre les suffrages insuffisants, par nombres égaux au nombre fixé, sur un certain nombre de nouveaux candidats déclarés, à leur tour, élus provisoires.

Ces délégations n'exigent pas la présence des candidats: chacun d'eux ayant reçu un exemplaire de leur liste, n'a qu'à le remettre ou à le renvoyer signé par lui, avec indication par un signe déterminé des candidats sur lesquels il délègue les suffrages qu'il ne peut représenter. Les candidats qui ne suivent pas l'opération publique de ces délégations, doivent désigner dans leur exemplaire un assez grand nombre de noms pour que leur délégation puisse être utilement effectuée, chacun devant prévoir que les premiers qu'il aura désignés peuvent recevoir leur contingent par les délégations qui précèdent la sienne. Chaque exemplaire de liste envoyé aux candidats doit contenir une instruction claire et précise à ce sujet.

Les candidats refusant la candidature peuvent déléguer la totalité de leurs suffrages, mais ne compteront pas dans le scrutin définitif.

Ceux qui ne renverraient pas leur exemplaire de la liste seraient considérés comme refusant, et ne compteraient plus parmi les candidats.

L'effet de ces délégations est de faire représenter, directement ou indirectement, tous les suffrages qui se sont portés sur la liste des candidats, et de les faire représenter également, chaque élu en représentant un même nombre.

Cette première opération accomplie après le dépouillement du scrutin préparatoire, n'est que provisoire, comme nous l'avons déjà dit: elle a pour but de faire mieux connaître aux Électeurs les candidats entre lesquels ils sont appelés à choisir au scrutin définitif, et de légitimer lés délégations que les mêmes candidats se feront après le scrutin définitif des suffrages qu'ils ne pourront représenter directement. Ces délégations provisoires éclairent les électeurs d'une double manière, d'abord en leur montrant comment se jugent entr'eux ces hommes qui ont leur confiance, puis en leur apprenant, dans leur vote pour chacun d'eux, pour qui ils votent subsidiairement, dans le cas où leur choix direct ne pourrait pas les représenter lui-même.

Les résultats du scrutin préparatoire et de l'opération qui en a suivi le dépouillement sont publiés, sous forme d'une double liste: la première donnant les candidats par ordre de suffrages obtenus directement et indiquant les délégations opérées par chacun d'eux; la seconde donnant par ordre la liste des élus provisoires, avec indication pour chacun des délégations opérées sur lui.

Le scrutin définitif est alors ouvert: chaque électeur, éclairé par les résultats du premier, répète son vote, si son choix avait porté sur un candidat qui l'ait satisfait, ou vote pour un autre des candidats que lui fait connaître l'élection préparatoire et qui lui convient davantage. L'électeur dont la voix avait été perdue en-dehors de la liste des candidats, en est averti par l'élection préparatoire, et est mis en demeure de choisir parmi les candidats celui qui lui convient le mieux.

Ce scrutin définitif est dépouillé en ne tenant compte que des bulletins portant le nom d'un des candidats, et le dépouillement est suivi des mêmes opérations que le premier. Le résultat en est définitif, et tous les candidats qui arrivent à représenter directement ou indirectement le nombre fixé de suffrages, sont proclamés membres de l'Assemblée, pour la durée légale du mandat.

Le principe de l'égale représentation de tous les votes est ainsi satisfait, en donnant à chaque représentant des droits égaux.

Le procédé de délégation que j'ai adopté pour répartir les suffrages par nombres égaux sur les membres de l'Assemblée, répugnera peut-être à beaucoup de personnes ; et ce n'est pas sans de longues hésitations que je m'y suis arrêté.

Mais, en réfléchissant bien, j'ai reconnu combien était naturel et légitime ce droit de vote indirect donné par chaque électeur au candidat qu'il choisit, en restreignant ce droit dans la liste des candidats issue du suffrage direct, en le faisant exercer provisoirement après l'élection préparatoire et le faisant ainsi contrôler et confirmer par l'élection définitive. Il me paraît évident que chaque électeur pouvant choisir parfaitement le candidat qui le représente le mieux, sera satisfait, si ce candidat ne peut le représenter lui-même, de voir son vote utilisé dans tous les cas, et compté dans l'Assemblée, au moyen du second choix fait par son mandataire en parfaite connaissance de cause, après le dépouillement général. C'est d'ailleurs le seul moyen simple que j'aie trouvé pour réaliser la condition nécessaire de l'égale représentation de tous les votes, en donnant aux membres de l'Assemblée des droits égaux.

Les candidats à suffrages insuffisants, qui ont dû les déléguer au-dessus d'eux, sont naturellement indiqués aux électeurs comme candidats au scrutin préparatoire de l'année suivante, concurremment avec le plus ancien contingent de l'Assemblée qui devra sortir cette même année; de sorte que même pour le scrutin préparatoire, l'électeur a pour guider son choix une liste naturelle de candidats connus, les uns par la manière dont ils ont exercé leurs fonctions de représentant, les autres par la manière dont ils ont délégué leurs suffrages.

Il me paraît utile de publier officiellement, à titre de simple renseignement pour les électeurs, avant le scrutin préparatoire de chaque année, cette double liste des membres sortant de l'Assemblée, et des candidats non élus de l'année précédente, avec indication des délégations de suffrages qu'ils avaient opérées. Les membres de cette double liste qui déclineraient une nouvelle candidature, pourraient demander qu'il fût fait sur cette liste mention de leur refus.

Je place ici pour préciser les idées, avant d'examiner les conséquences qu'aurait le nouveau mécanisme électoral et les critiques qui peuvent lui être faites, une ébauche de projet de loi pour l'élection de l'Assemblée nationale; les nombres qui s'y trouvent n'ont rien de forcé; je ne les ai mis que pour plus de précision et de clarté; ce serait à l'expérience à déterminer les meilleurs; c'est ainsi qu'en augmentant ou diminuant la durée du mandat, on pourrait augmenter la stabilité ou la mobilité du Gouvernement pour l'adapter au caractère et aux besoins de la Nation. J'ai aussi adopté pour plus de netteté les hypothèses du suffrage complètement universel et du vote direct; mais, je le répète, ces hypothèses ne sont point inhérentes à mon procédé qui peut s'adapter à tout autre mode de formation du corps électoral , les caractères indépendants qui le distinguent étant : l'unité de vote dans le bulletin , l'unité de dépouillement pour le pays , le scrutin préparatoire déterminant les candidats , le scrutin définitif entre ces candidats, la délégation par les candidats des suffrages qu'ils ne peuvent représenter et le renouvellement partiel de l'Assemblée, chaque année.

CHAPITRE 3.

Ébauche d'un projet de loi pour l'élection de l'Assemblée Nationale.

DISPOSITIONS GÉNÉRALES.

L'Assemblée nationale est permanente; elle se renouvelle en partie chaque année par une élection générale.

Tout Français majeur est électeur et émet autant de votes qu'il représente légalement de personnes, le mari représentant sa femme, le père ses fils mineurs et ses filles non mariées, etc. Une loi particulière règle les questions de détail et d'exception.

Chaque membre de l'assemblée doit représenter 100,000 voix; son mandat dure trois ans.

L'élection a lieu par deux scrutins; le premier, préparatoire, détermine les candidats; le second, définitif, a lieu sur ces candidats.

Chaque Electeur vote sans déplacement dans sa commune ou dans sa section électorale.

Chaque bulletin porte un seul candidat complètement désigné par NOM, PRÉNOM, AGE, LIEU DE NAISSANCE ET PROFESSION.

Tous les bulletins doivent être extérieurement uniformes.

Les votes de toute la France dans chaque scrutin sont réunis avec les précautions convenables pour éviter toute possibilité de fraude; le dépouillement général en est opéré par les soins de l'Assemblée.

ÉLECTION PRÉPARATOIRE.

Après le dépouillement du scrutin préparatoire, la liste des candidats est dressée par ordre de suffrages ; tous ceux qui ont obtenu plus de 10,000 voix sont déclarés candidats au scrutin définitif; s'il y en avait moins de 500, ce nombre serait complété par les candidats ayant le plus approché de 10,000 voix.

La liste, par ordre, des candidats au scrutin définitif est imprimée, publiée et envoyée à chacun d'eux.

Chaque candidat doit remettre ou faire remettre, à son tour lorsqu'il est appelé, l'exemplaire qui lui a été envoyé, signé par lui, avec désignation par un signe déterminé des candidats sur lesquels il délègue, s'il y a lieu, les suffrages qu'il ne pourra représenter lui-même; les candidats ayant plus de 100,000 voix doivent déléguer leur excédant parmi ceux au-dessous de ce chiffre ; les candidats dont les suffrages sont insuffisants les délèguent au-dessus-d'eux.

On opère d'abord les délégations d'excédant à partir du premier, puis les délégations de suffrages insuffisants à partir du dernier.

Le nombre des délégataires désignés par les candidats qui ne suivent pas l'opération, doit être assez grand pour que leur délégation puisse être opérée; chaque exemplaire de liste doit contenir une instruction courte et claire à ce sujet pour chaque candidat.

Chaque délégation est effectuée, en attribuant au premier dans l'ordre de la liste des candidats désignés par le déléguant et n'ayant pas encore atteint 100,000 voix par des reports antérieurs, tous les suffrages délégués jusqu'à complément de ce chiffre, et le restant, s'il y a lieu, aux suivants désignés dans l'ordre de la liste; lorsque le tour de déléguer ses suffrages arrive à un candidat en ayant reçu lui-même sans être arrivé à 100,000, sa délégation transporte en même temps que ses suffrages ceux qui lui ont été délégués.

Les candidats représentant 100,000 suffrages, ou directement, ou indirectement par délégation, sont déclarés élus provisoires.

Les candidats qui refusent la candidature peuvent déléguer tous leurs suffrages, mais ne seront pas comptés dans le dépouillement du scrutin définitif.

Les candidats dont l'exemplaire de la liste n'est pas remis quand il est appelé, sont considérés comme refusant la candidature.

Ces opérations ont lieu publiquement par les soins d'une commission de l'Assemblée.

ÉLECTION DÉFINITIVE.

Les résultats de l'élection préparatoire sont constatés, publiés et envoyés dans chaque commune sous forme d'une double liste :

Liste des candidats, par ordre de suffrages directs, avec indication des délégations opérées par chacun d'eux et des refus de candidature formels ou tacites ;

Liste, par ordre, des élus provisoires, avec indication des délégations opérées sur chacun d'eux.

Le scrutin définitif est alors ouvert aux électeurs; ce scrutin est l'objet d'un dépouillement général de tous les votes réunis où ne sont plus comptés que les bulletins portant le nom d'un des candidats.

Ce dépouillement est suivi des mêmes opérations que le premier ; leur résultat est définitif, constaté et publié comme celui de l'élection préparatoire.

Tous les candidats que ces opérations font représentants de 100,000 suffrages, sont proclamés membres de l'Assemblée nationale, pour trois ans.

DISPOSITIONS TRANSITOIRES.

Pour une première Assemblée à nommer en entier par ce système, le nombre de voix que devrait représenter chaque membre serait abaissé à 40,000 ; le nombre de voix suffisant pour être candidat à 5,000; le minimum du nombre des candidats serait élevé à 1,200. Le dernier tiers des membres de l'Assemblée sortirait au bout d'un an ; le second après deux ans, et le premier après trois ans, chaque tiers faisant successivement place au contingent fourni par l'élection annuelle.

DISPOSITIONS PARTICULIÈRES.

Chaque année, avant le scrutin préparatoire, la double liste des membres de l'Assemblée sortant cette année, et des candidats non élus de l'année précédente, avec indication de leurs délégations de suffrages, est publiée dans toutes les communes, à titre de renseignement pour les Electeurs. Cette liste mentionne les refus de ceux qui déclineraient une nouvelle candidature.

CHAPITRE 4.

Application du nouveau procédé.—Simplicité et facilité de son exécution matérielle.—Examen des objections qu'il peut soulever.—Étude des principaux mobiles agissant sur les Electeurs, et de leur action dans le nouveau système.—Action de la presse.—Travail des intérêts et des opinions entre les deux scrutins.—Amélioration du vote des Electeurs ignorants.—Calme des élections dans le nouveau système.—Nombre des Représentants.—Variation du contingent fourni par l'élection annuelle. —Traitement et pensions de retraite pour les Représentants.

Après l'exposé du nouveau système électoral dans un projet de loi le réalisant, il convient d'examiner s'il serait facilement applicable, quelles critiques il peut soulever, quelles conséquences il pourrait avoir.

La série d'opérations qu'il entraîne pouvant paraître au premier abord difficile et compliquée, je vais montrer qu'elles peuvent s'exécuter d'une manière simple et facile.

D'abord, la complication, si complication il y a, est éloignée des scrutins, et le vote, cette base de toute élection, la plus délicate et la plus importante de toutes ses opérations, est ramené à sa plus grande simplicité. Faire voter chaque électeur dans sa commune ou sa section pour toute la France, et ne lui demander qu'un nom, sans limiter son choix d'aucune manière dans l'élection préparatoire, lui laissant chercher dans tout le pays l'homme qui, par ses travaux, ses lumières, ses actes, lui inspire le plus de confiance, c'est réduire évidemment le vote à sa plus simple expression , en laissant toute liberté à l'électeur. Lui offrir ensuite pour l'élection définitive le choix entre tous les candidats issus de l'élection préparatoire , c'est éclairer son vote , en lui laissant encore toute la latitude possible et , on peut le dire, amplement suffisante.

Ainsi le vote est aussi simple et aussi libre qu'il puisse l'être , la loi se contentant de l'éclairer.

Les votes émis et parvenus à l'Assemblée par la filière administrative , avec les précautions nécessaires pour rendre impossible toute fraude , c'est à elle à les réunir et à en opérer le dépouillement général. L'opération matérielle du dépouillement peut être abrégée par le nombre illimité de bureaux particuliers , et simplifiée par divers procédés de détail, tels qu'un premier classement alphabétique des bulletins pour les distribuer aux divers bureaux particuliers, procédés inutiles à expliquer ici : qu'il me suffise de dire que le dépouillement de trente millions de bulletins à un seul nom peut se faire facilement et assez rapidement.

Il est certainement facile de dresser la liste des candidats par ordre de suffrages , de l'arrêter au dernier qui a eu plus de 10,000 suffrages , et , s'il y en a moins de 500 , de la compléter jusqu'à ce nombre.

Cette liste , publiée , imprimée et envoyée à chaque candidat, pour qu'il puisse indiquer les délégations qu'il aurait à faire , une commission de l'Assemblée doit procéder publiquement à la répartition des suffrages par groupes égaux de 100,000 , en effectuant ces délégations de la manière suivante :

Le président de la commission , en séance publique , appelle le premier candidat ayant le plus fort excédant à

déléguer , et qui doit lui remettre ou faire remettre l'exemplaire de liste qu'il a reçu , sur lequel il a désigné les
candidats auxquels il délègue cet excédant.

Le président lit à haute voix le nom du premier désigné
dans l'ordre de la liste , et tous les suffrages délégués sont
ajoutés à ceux qu'il a reçus. Si cette addition donne plus de
100,000 , l'excédant est ajouté aux suffrages du second
désigné ; s'il y a encore excédant , il est attribué au troi-
sième , et ainsi de suite.

Les résultats de cette première délégation sont proclamés
à haute voix. La liste du second candidat à excédant est ap-
pelée ; ses délégations sont effectuées de la même manière,
et l'opération continue pour tous les candidats ayant reçu
plus de 100,000 voix , jusqu'à ce que tous leurs excédants
aient été reportés.

On passe alors aux candidats à suffrages insuffisants , à
partir du dernier et dans l'ordre de la liste , et on opère
leurs délégations de suffrages de la même manière, jusqu'à
ce que tous leurs suffrages se soient concentrés par groupes
égaux de 100,000 sur un certain nombre d'entr'eux.

L'opération entière ne demande , comme on voit , à chaque candidat, que la désignation de quelques noms sur une
liste, et à la commission de l'Assemblée, qu'un certain
nombre d'additions très-simples ; el,e peut s'accomplir par
suite facilement et rapidement.

Lorsqu'elle est terminée, la commission qui l'a effectuée
dresse la double liste qui doit en constater les résultats;
à la liste primitive des candidats, elle ajoute , dans des
colonnes disposées à cet effet, l'indication de leurs délégations des suffrages qu'ils ne pouvaient représenter sur

ceux des élus provisoires qui en sont chargés à leur place; elle dresse ensuite la liste des élus provisoires par ordre d'arrivée aux 100,000 voix que chacun représente , avec indication, pour chacun, de la provenance du complément de suffrages qu'il représente indirectement.

Cette double liste ayant été envoyée et publiée dans toutes les communes, le scrutin définitif est ouvert après le délai nécessaire pour que les électeurs aient pu en faire une étude suffisante.

Ce scrutin définitif est suivi des mêmes opérations que le premier, mais accomplies plus facilement encore par suite du nombre limité de candidats, et parce que chacune n'est que la répétition plus simple d'une opération précédemment exécutée dans l'élection préparatoire.

J'ai montré que ce procédé électoral était matériellement simple et facile ; essayons maintenant d'apprécier ses conséquences morales et d'examiner les critiques qu'il pourrait soulever.

On ne peut contester au mécanisme proposé sa parfaite exactitude , chaque électeur ayant pu librement émettre le vote qui le peint le mieux, et tous ces votes étant également comptés , tous étant présents pour ainsi dire à l'Assemblée, représentés en même nombre par chaque membre ; le procédé de délégation que j'emploie pour arriver à ce but, après le contrôle de l'élection définitive entre les candidats l'ayant exercé une première fois aux yeux des électeurs, ne peut guère être attaqué dans son droit ; mais on peut faire cette objection à la composition de l'Assemblée, que si ses membres représentent, il est vrai , un même nombre de suffrages , les uns les repré-

sentent directement, tandis que les autres les représentent en partie indirectement, et peuvent être appelés représentants de report ; on peut dire qu'il y aura une
espèce de lien et de sujétion entre les représentants directs à excédant de suffrages reporté, et ceux dont ce
report aura complété les suffrages ; sans prétendre qu'il
n'y ait quelque chose de vrai dans cette observation, je
ferai remarquer que les représentants directs devant généralement reporter leur excédant sur les candidats de
leur opinion ayant le plus grand nombre de voix, ceux-
-ci, par suite de leur rang, seraient sans doute arrivés par
le report des suffrages insuffisants, s'ils n'étaient pas arrivés par report d'excédant ; que, pour les membres arrivés les derniers par report des suffrages insuffisants
dont les titulaires n'ont pu entrer à l'Assemblée, ils ne
seront pas soumis à cette influence d'autres membres ;
il faut se demander d'ailleurs si ce motif naturel de liaison
entre représentants de même opinion {est un mal plutôt
qu'un bien : enfin l'objection est bien moins grave que
celle qu'on pourrait faire dans le système actuel à la
différence de position entre des députés de nos riches
départements représentant des centaines de mille électeurs, et ceux de nos pauvres départements en représentant seulement quelques milliers ; l'expérience a cependant
appris que ces différences disparaissaient à peu près dans
l'Assemblée, pour ne laisser place qu'aux différences d'influence provenant des qualités personnelles de chacun.

Je dois faire remarquer, en outre, d'une manière générale
au sujet des objections qu'on peut faire au système pré-
senté, qu'il n'a pas la sotte prétention d'être parfait, mais

seulement d'être un grand progrès sur les systèmes connus;
qu'il me suffit par conséquent, non de détruire complètement ces objections, mais de montrer qu'elles sont moins
graves que dans les autres systèmes.

Il est deux objections contraires qu'on ne manquera pas
de faire : les uns me diront que par ce système, les suffrages s'éparpilleront sans mesure; les autres, au contraire,
qu'ils se concentreront sur un petit nombre de chefs d'o-
pinion qui deviendront ainsi les grands électeurs de France.
Je pourrais répondre en poussant ces hypothèses à l'extrême
et dire que si tous les électeurs se réunissaient sur un seul
nom, cela prouverait un heureux accord, et qu'il serait
juste de confier à ce citoyen les destinées du pays, tant
que les élections annuelles successives montreraient dans
le pays la même volonté. Si, au contraire, chacun votait
par exemple pour lui-même, cela prouverait que chaque
citoyen n'a confiance qu'en lui, et qu'il n'y a point de Gouvernement légitime possible. Mais laissons ces hypothèses
absurdes, et reconnaissant l'existence incontestable de
sentiments généraux, d'intérêts collectifs passionnant vivement des groupes d'électeurs d'une manière différente,
certains qu'avec un mode électoral quelconque, ces intérêts collectifs exerçant une action proportionnelle à leur
énergie, chercheront à être représentés le mieux possible
à l'Assemblée, étudions les principaux mobiles qui agissent sur les électeurs, et cherchons à prévoir comment
ils les conduiraient dans le nouveau mécanisme électoral.

Ces mobiles peuvent être classés en trois grandes catégories :

Iɴᴛᴇ́ʀᴇ̂ᴛs ᴅ'ᴏᴘɪɴɪᴏɴ, politique, religieuse ou sociale.

Iɴᴛᴇ́ʀᴇ̂ᴛs ᴍᴀᴛᴇ́ʀɪᴇʟs, d'industrie, ou de profession.

Iɴᴛᴇ́ʀᴇ̂ᴛs ᴅᴇ ʟᴏᴄᴀʟɪᴛᴇ́.

Chaque électeur est plus ou moins sous l'influence de ces divers intérêts; chacun désire dans son vote les satisfaire suivant l'énergie diverse avec laquelle ils agissent sur lui : la loi permettant à chaque nuance de ces intérêts de se faire représenter, chacune voudra avoir le plus possible de représentants. Etudions comment elle devra agir pour cela. Elle cherchera à avoir le plus de candidats possible dans la liste sortie de l'élection préparatoire, et les candidats devant attirer le plus de voix dans le vote définitif. Chaque intérêt collectif représenté, soit par des comités, soit par des journaux, agit sur les Électeurs, en appelant leur vote sur un certain nombre de candidats. Quel nombre et quel choix de candidats devra-t-il offrir à ses électeurs? Quant au nombre, il est évident qu'il doit être proportionnel à leur propre nombre; s'il était trop grand, les voix des électeurs, en s'éparpillant sur eux, ne les feraient pas arriver en rang utile sur la liste des candidats; si, pour éviter cet éparpillement, l'intérêt collectif dont nous nous occupons présentait un trop petit nombre de candidats, il ne pourrait pas satisfaire autant d'électeurs, et diminuerait la masse de ses voix dans l'élection : tous les électeurs passionnés pour l'intérêt dont nous étudions l'action, ne sont pas en effet sous son influence exclusive; en-dehors de cet intérêt commun, ils ont d'autres intérêts, d'autres sentiments divers qu'ils désirent satisfaire dans leur vote : cet intérêt commun doit donc présenter à leur vote un choix de candidats satisfaisant, autant que possible, ces variétés de sentiments en-dehors de lui. C'est dire que chaque opinion, chaque intérêt collectif doit faire l'étude, aussi complète que possible, du nombre et des sentiments divers de ses électeurs, pour les satisfaire par le choix de candidats à leur offrir.

Ainsi une opinion politique serait très-intéressée à connaître le nombre d'électeurs qu'elle passionne, et la manière dont ils se distribuent dans les différentes parties de la France et dans les diverses professions, pour leur présenter une liste de candidats tous de sa nuance politique, mais offrant les mêmes variétés de profession et de pays que les Electeurs, et leur permettant de satisfaire dans leur vote, en même temps que l'opinion qui les sollicite, leurs autres sentiments.

Une profession devrait connaître le nombre d'électeurs qu'elle renferme et leur distribution dans le pays et entre les diverses opinions politiques, pour leur offrir une liste de candidats de cette profession, se distribuant de la même manière, en nombre proportionnel au leur.

Il en serait de même des intérêts de localité : chaque province, département ou ville, connaissant le nombre de ses électeurs, devrait leur offrir une liste de candidats de la localité, en rapport avec leur nombre, et ayant la même variété d'opinions politiques générales et d'intérêts industriels.

Ce travail préparatoire de tous les intérêts divers qui chercheraient à se combiner, aurait pour effet d'offrir aux électeurs un nombre et un choix de candidats tels, que chacun pourrait dans son vote satisfaire à la fois ses sentiments, ses idées et ses intérêts de toute sorte, en choisissant celui qui s'approcherait le plus de leur ensemble dans ce grand nombre de candidats qui en seraient les types divers. L'élection préparatoire ferait surgir les hommes les plus complets, ceux qui seraient les meilleurs représentants à la fois des diverses opinions, des diverses professions, des diverses localités.

Pour mieux nous faire comprendre, étudions l'action de la presse périodique dans les préparatifs de l'élection, et voyons ce que feraient les journaux de localité, les journaux professionnels et les journaux politiques de Paris.

Les journaux purement de localité, sans nuance politique, comme il y en a trop peu aujourd'hui, chercheraient quelles sont les personnes du département les plus connues par leurs lumières, leur position, leur influence dans les diverses opinions et professions, et ils appelleraient le choix des électeurs sur un certain nombre d'elles en rapport avec leur nombre, avec leurs opinions et professions ; les journaux politiques de cette même localité seraient conduits à présenter les mêmes candidats, mais chacun ne présentant que ceux de sa couleur.

Un journal professionnel, connaissant le nombre d'électeurs de cette profession dans toute la France, étudiant leurs opinions générales et leur distribution dans le pays, devrait chercher, dans le dépouillement des journaux de département, les candidats de cette profession les plus remarquables, devant entraîner le plus de voix dans la masse des électeurs, et il en patronnerait un certain nombre, choisi de manière à satisfaire leurs divers sentiments.

Un journal politique de Paris, faisant un double dépouillement de même nature dans les listes de candidats des journaux de localité et des journaux professionnels , recommandera à ses électeurs une liste générale de candidats , tous de sa nuance politique, mais se distribuant comme eux entre les diverses localités , entre les diverses professions.

Enfin , les opinions peu nombreuses , les intérêts peu généraux , les idées excentriques qui ne peuvent arriver à un grand nombre de représentants, mais dont les adhérents peu nombreux sont aussi plus fortement passionnés, sauront offrir à leur choix un petit nombre de candidats les représentant exclusivement, peu prononcés entre les autres intérêts.

Chaque électeur se trouvera donc sollicité par des listes politiques de candidats de professions et de localités diverses, par des listes professionnelles générales , d'opinions et de pays divers ; par des listes locales d'opinions et professions diverses ; enfin , par des listes exceptionnelles offrant le nom des types d'opinions et d'intérêts excentriques (1). Il lui sera évidemment facile de choisir un candidat le représentant parfaitement et devant arriver en rang utile sur leur liste.

Je viens d'esquisser le travail préparatoire de toutes les opinions , de tous les intérêts, avant le premier scrutin : étudions leur travail après le dépouillement de ce scrutin et la publication de la liste des candidats , de leurs délégations et des élus provisoires.

Chaque intérêt collectif, cherchant dans cette liste ses

____

(1) Toutes ces listes donneront , pour chaque candidat , les nom, prénom , âge, lieu de naissance et profession ; l'électeur devant insérer dans son bulletin ces indications. Les listes professionnelles et quelques listes locales indiqueront aussi l'opinion politique de chaque candidat.

meilleurs représentants, en recommandera à ses électeurs un nombre assez grand pour satisfaire leurs diversités de sentiments en-dehors de cet intérêt collectif ; il les leur présentera dans l'ordre simultané du nombre de suffrages qu'ils ont obtenu et de leur dévouement à l'idée qu'il représente ; il suppliera les électeurs de choisir parmi eux , cherchant à les leur faire connaître de la manière la plus favorable ; il les dissuadera surtout de voter , pour satisfaire leurs autres sentiments , sur les candidats qui lui sont particulièrement hostiles , en critiquant vivement ces candidats.

Tous les candidats se trouvant ainsi patronnés par les diverses nuances d'opinion et d'intérêt qu'ils représentent, attaqués et critiqués par celles qu'ils combattent, prônés d'ailleurs par leurs amis personnels, autant que dénigrés par leurs ennemis, seraient ainsi connus de la manière la plus complète : chaque électeur se trouverait en mesure de choisir, parmi un si grand nombre de candidats éclairés par la lumière électrique des discussions électorales, celui qui le représenterait de la manière la plus complète , comme nuance d'opinion et comme nuance d'intérêt de toute sorte. On peut même dire que, pour se faire représenter d'une manière amplement suffisante, il n'aurait que l'embarras du choix ; et par suite de cette facilité et du désir naturel de voter pour un candidat qui reste à l'Assemblée , les votes se concentreraient sans doute dans le scrutin définitif sur les candidats ayant le plus grand nombre de voix , de manière à en donner un très grand nombre élus directement et ayant à reporter leur excédant : de sorte que le plus grand nombre des votants serait doublement repré-

senté, leur candidat directement choisi restant à l'Assemblée, et y en faisant entrer un autre par délégation.

Nous sommes donc arrivés, je le répète, à ce résultat
important, que le vote de chaque électeur le représenterait
fidèlement, première condition rationnelle de toute élection : notre mécanisme électoral tenant ensuite un égal
compte de tous ces votes, conduira évidemment à une
représentation exacte, fidèle et complète du pays.

Je dois ici répondre à une critique qu'on ne manquera
pas de faire. L'électeur instruit, éclairé, pourra en effet,
me dira-t-on, profiter des facilités que vous lui offrez pour
émettre un vote qui le représente exactement ; mais comment fera l'électeur ignorant et sans intelligence ?

Je répondrai d'abord que mon procédé étant indépendant
de la composition du corps électoral, sur laquelle je n'ai
émis qu'une opinion indécise, il peut être adopté telle disposition qu'on jugera convenable pour exclure du scrutin l'igno-
rance et l'indignité, et qu'on peut, par un système rationnel
d'élection indirecte, ne demander à chaque électeur qu'un
vote dans sa compétence. Mais je vais plus loin, et je pré-
tends qu'en adoptant le suffrage complètement universel et
direct, comme c'est mon avis, mon procédé électoral éclairera
et améliorera le vote de l'électeur ignorant. En effet, l'électeur
incapable de voter par lui-même ne vote pas, ou vote sous
l'influence d'un électeur capable dont il accepte le conseil ;
ayant éclairé et amélioré les votes des électeurs capables,
nous produisons forcément le même résultat sur les votes
issus de leur influence.

Pour améliorer le vote de l'électeur ignorant, la loi doit
évidemment d'abord lui demander aussi peu que possible,

c'est-à-dire, un seul nom, et puis le guider autant que possible pour le choix de ce nom, en augmentant le nombre d'influences qui agiront sur lui et qui l'éclaireront, autant qu'il se pourra, par les efforts divers qu'elles feront auprès de cet électeur pour mettre en jeu ses sentiments en leur faveur. Il suffit que, par le secret du vote, nous le mettions à même de ne céder à aucune contrainte et de choisir librement, entre les avis nombreux qui lui seront donnés, celui de l'homme instruit et bienfaisant qui a le plus de droits à sa confiance.

Il est juste, je crois, de faciliter à chaque électeur le vote sans déplacement, dans sa commune, à côté de sa famille, dans le milieu auquel il est habitué, et je n'aime pas, comme moyen de l'arracher aux influences qui le contraindraient, le vote forcé au canton, ce moyen me paraissant avoir pour résultat, sinon pour but, le seul changement de ces influences. Il convient seulement de le mettre à l'abri de toute contrainte et en mesure de n'obéir qu'à l'influence qu'il accepte librement, en mettant en jeu toutes celles qui peuvent agir sur lui, et assurant le secret de son choix entr'elles.

Ce résultat est complètement obtenu dans mon système, et me paraît satisfaire à ce qu'il y a de juste et de légitime dans les deux opinions opposées du vote direct au canton, du vote indirect dans la commune. Les premiers ont raison, en effet, en voulant assurer la liberté de l'électeur, mais leur moyen de le forcer à voter au canton est mauvais. Les derniers ont raison de demander pour l'électeur la liberté de voter, sans déplacement dans sa commune, au milieu des siens ; mais leur moyen de ne lui accorder qu'un suffrage indirect dans un scrutin dépouillé dans la commune et protégeant mal le secret du vote, me paraît mauvais aussi.

Il vaut mieux, je crois, lui laisser la liberté du vote direct dans sa commune, en le laissant prendre conseil de qui il voudra, mais en assurant son libre choix entre ces conseils, par le secret absolu du vote complètement garanti par l'uniformité du bulletin et le dépouillement unitaire pour toute la France.

Aujourd'hui l'électeur ignorant est sollicité par deux ou trois listes de candidats d'opinions fortement opposées, qu'il ne connaît pas, et entre lesquelles il se décide par des motifs souvent étrangers à l'élection.

Avec le procédé nouveau, cet électeur qui n'a qu'un nom à choisir, sera sollicité par tous les électeurs capables qu'il connaît; chacun ayant un candidat différent qui le représente parfaitement, cherchera à le faire voter pour ce candidat ou pour celui qui s'en éloigne le moins en se rapprochant du consultant, et fera valoir auprès de lui toutes les raisons qu'il peut avoir d'adopter son conseil, tirées de ses opinions ou de ses intérêts.

On doit comprendre qu'au milieu de tous ces conseils divers, l'électeur ignorant, en supposant qu'il ne tire aucune lumière des publications générales, s'éclairera autant qu'il en sera susceptible pour émettre un vote le représentant le mieux possible.

Une conséquence importante du nouveau procédé sur laquelle je désire fortement attirer l'attention du lecteur, c'est le calme substitué dans les élections à cette funeste irritation qui désunit aujourd'hui les localités et les familles ; cette irritation disparaîtra parce que nous faisons disparaître les causes qui la produisent.

La première de ces causes, c'est la gêne imposée à l'électeur par la circonscription électorale ; tous les électeurs d'une circonscription étant forcés de se faire représenter par les mêmes personnes, n'ont de chances de l'être, à peu près comme ils le désirent, qu'en forçant les autres à prendre les candidats qui leur conviennent ; ils entreprennent donc d'exercer les uns sur les autres les plus violentes pressions pour s'amener à leurs idées respectives ; cette cause disparaît complètement : chaque électeur est sûr d'être parfaitement représenté sans forcer son voisin d'être de son avis ; aussi se contenteront-ils de se consulter amicalement pour s'éclairer mutuellement, chacun étant certain de voir son vote représenté à l'Assemblée, quels que soient les autres votes de sa commune.

La seconde cause d'irritation vient de l'action des hommes influents que la loi circonscrit dans chaque localité, où ils cherchent à se former des fiefs électoraux ; cette action pouvant dorénavant s'étendre utilement hors de la circonscription, ne réagira plus violemment dans le milieu où elle ne sera plus elle-même refoulée.

Une dernière cause de trouble dans les élections, est le renouvellement entier de l'Assemblée à de longs intervalles ; plus les intervalles électoraux sont longs, plus les motifs d'irritation s'accumulent, les changements d'opinion qui s'opèrent dans le pays tendant à l'éloigner de l'Assemblée à mesure qu'elle vieillit sans se renouveler ; le renouvellement entier de la représentation surexcite d'ailleurs les passions par l'espoir et la crainte de changements brusques et radicaux dans le Gouvernement; le renouvellement partiel, opéré tous les ans, maintient le pays et ses représentants dans un rapport constant d'unité, sans brusque changement, et calme, en les satisfaisant dans une juste mesure, les divers sentiments des partis qui se partagent la nation.

De même que la carte d'un pays, qui est sa représentation matérielle, doit être à une échelle aussi grande que le permet la nécessité d'en embrasser l'ensemble d'un coup d'œil, de même le nombre de membres de l'Assemblée doit être aussi grand que possible, pour satisfaire un plus grand nombre d'ambitions honorables et légitimes, et pour permettre à chaque électeur de se faire représenter plus exactement; il ne doit avoir de limite que la nécessité de faire entendre un orateur par toute une Assemblée commodément placée de manière à ce que tous ses membres puissent se voir et communiquer facilement. Les nombres donnés dans l'ébauche de projet de loi sont approximativement déterminés d'après cette idée; ces nombres fournissant chaque année un contingent égal au cent millième des votes, donneraient, par l'ensemble de trois contingents annuels, une réduction au trente-trois millième du nombre moyen des votes. Ce nombre pouvant être évalué à 25 ou 30 millions, donnerait environ huit ou neuf cents représentants; l'expérience prononcera sur les nombres les plus convenables à adopter.

On remarquera que le nombre des membres de l'Assemblée n'est pas fixe, et que le contingent fourni par l'élection annuelle est proportionnel au nombre des votes du scrutin définitif; ce résultat me paraît très rationnel, parçe qu'il tend à augmenter l'unité du pays avec l'Assemblée : quand le pays heureux et calme sera satisfait de la marche de l'Assemblée, il ira moins au scrutin, et le contingent de l'année sera plus faible ; quand le pays sera moins satisfait de l'Assemblée, il votera davantage, et fournira un contingent plus considérable.

Je n'ai rien indiqué dans l'essai de projet que je présente sur la rémunération des membres de l'Assemblée, sur les incompatibilités de fonctions, et autres détails qui seraient réglés par chaque Assemblée.

Je dois dire cependant que le principe de la rémunération me paraît équitable et avantageux, que je le compléterais même par une pension de retraite pour les anciens représentants *pauvres*, et pour leur famille ; tout ce qui tend en effet à rendre la position d'un représentant honorable et assurée, ne peut qu'augmenter la considération et l'autorité de l'Assemblée elle-même.

CHAPITRE 5.

—

Caractère des élections naturelles et des Assemblées qu'elles produiraient.
—Autorité et gouvernement de ces Assemblées.—Observations aux ad-
versaires divers des Assemblées.—Application du nouveau système à
toutes les élections. — Application à des élections à quatre degrés
pour la commune, le canton, le département et le pays.—Essai dans
les élections de sociétés libres.

Si on a bien compris ce qui précède, malgré la double difficulté de la nouveauté des idées et de leur exposition obscure et diffuse, on doit voir clairement que par le nouveau procédé les élections changeraient complètement de nature.

La loi réalise la liberté complète de l'électeur en l'éclairant, et lui garantit la représentation de son vote : elle obtient ainsi une Assemblée qui est l'image fidèle et complète du pays.

L'élection perd ce fâcheux caractère de luttes locales irritantes, pour reprendre le véritable caractère qu'elle doit avoir de travail intellectuel et réfléchi de toute la Nation, faisant surgir de son sein une exacte représentation de tous ses sentiments, de tous ses intérêts.

On ne verrait plus ces mêlées confuses d'intrigues de toute nature, ces coalitions monstrueuses et immorales des opinions les plus opposées, contre une majorité intermédiaire ne leur laissant que ce honteux moyen de pénétrer dans l'enceinte de la représentation.

On ne verrait pas davantage, comme aujourd'hui dans les localités où une majorité trop considérable ne laisse aucun espoir de succès aux minorités, ces minorités s'éloigner d'un scrutin dérisoire pour elles, en cherchant des prétextes d'abstention; tous les électeurs, sur tous les points de la France, seraient vivement sollicités à voter par tous les intérêts qui pourraient agir sur eux, quel que fût leur petit nombre favorable à ces intérêts en chaque point. Chaque opinion, chaque intérêt devant avoir un nombre de représentants proportionnel au nombre de suffrages qu'ils attireraient sur leurs listes, convoqueraient partout le ban et l'arrière-ban de leurs adhérents, sans négliger les plus isolés, et le succès de ces sollicitations serait d'autant plus grand qu'il serait plus facile à chaque électeur d'émettre un vote le satisfaisant complètement; aussi la proportion des votants aux électeurs inscrits, quoique variable d'une année à l'autre, serait-elle toujours très-considérable.

Chaque électeur étant ainsi fidèlement représenté, et l'Assemblée étant la véritable concentration de tout le pays par un procédé aussi exact que celui du daguerréotype, il ne serait plus possible à un parti, à un intérêt quelconque de tromper le pays et de se faire à lui-même illusion sur sa véritable importance; chacun d'eux serait exactement mesuré à sa juste valeur, et on pourrait dire de ce procédé électoral qu'il est un véritable *pèse-opinion*.

Les Assemblées produites par ce système seraient toutes différentes de celles que nous avons vues jusqu'à présent; celles-ci forment un bizarre assemblage d'opinions politiques fortement hostiles et sans lien entr'elles, analogue à un corps mal centré dont les extrémités anormales seraient

comme disloquées. Les Assemblées issues du système d'élections naturelles, renfermant toutes les nuances d'opinions
et d'intérêts divers qui existent dans le pays, et dans les proportions où elles s'y trouvent, formeraient un corps homo-
gène et compacte, dont toutes les parties dans des proportions
convenables seraient fortement liées. On retrouverait dans
ces Assemblées l'unité du pays par la représentation exacte
de toutes les variétés de sentiments et d'opinions qui le
composent. C'est ainsi que la lumière solaire est formée
par la réunion de toutes les nuances infiniment variées de
couleurs qui s'y trouvent, et se fausse par la suppression de
quelques-unes, ou leur réunion en proportions inexactes.

Les élections sont aujourd'hui exclusivement politiques,
les autres intérêts n'étant que fortuitement représentés ; il
n'en serait plus ainsi : tous les intérêts pouvant se faire
représenter, la politique serait enfin ramenée dans les
élections à sa véritable importance.

Les Assemblées ainsi formées étant, sans contestation
possible, l'image fidèle du pays, auraient une immense
autorité excluant toute possibilité de lutte violente et de
guerre civile ; elles pourraient se passer de ces Constitutions
qui ne font qu'embarrasser la marche des Nations, et organiser le Pouvoir exécutif et le Gouvernement comme elles
l'entendraient, constamment libres de le modifier, quand
il le faudrait, avec une autorité à laquelle personne ne
pourrait songer à résister ; c'est ainsi qu'elles pourraient
confier le pouvoir exécutif et un pouvoir règlementaire,
plus ou moins étendu, à une seule ou à plusieurs personnes,
à une famille même, avec quel titre que ce fût, et le laisser
dans leurs mains autant ou aussi peu de temps que le pays

le voudrait , parce qu'elles réaliseraient dans toutes leurs décisions la volonté du pays, dont elles seraient elles-mêmes l'exacte expression , ainsi que la forme de Gouvernement qu'elles adopteraient.

Toutes les objections contre les Assemblées , tirées des mauvais résultats qu'elles ont produits jusqu'ici , n'ont plus de valeur contre les Assemblées , toutes différentes, que créerait le système naturel d'élection. Fatigués du spectacle des luttes stériles des partis dans les débats parlementaires, beaucoup de bons esprits , déclarant le système des Assemblées jugé et condamné par l'expérience, se sont tournés, les uns, vers le gouvernement unitaire plus ou moins absolu d'un homme ou d'une dynastie , les autres vers le gouvernement direct par le peuple ; ils me paraissent errer également dans ces deux voies extrêmes , pour avoir condamné le système rationnel, qui n'avait de mauvais que ses moyens d'exécution.

Je les engage à attribuer les erreurs des Assemblées à leur véritable motif, aux procédés absurdes et illogiques de leur élection , et je leur demande s'il n'est pas rationnel de penser qu'un mauvais système électoral donnant naturellement de mauvais résultats, un bon système d'élections en produira tout aussi naturellement de bons.

Je dirai aux partisans du gouvernement d'un seul , que tout homme étant incomplet , aucun ne peut être un type suffisant d'une nation, pour être seul et sans contrôle chargé du soin de ses destinées ; je leur demanderai quel moyen ils ont de découvrir le membre d'une nation né pour en être le chef ; le principe héréditaire absolu, qui a son utilité et sa raison d'être dans l'enfance des nations , qui peut encore être le meilléur pour plusieurs d'entr'elles, me paraît avoir fait son temps pour la nôtre ; et il ne semble pas que l'expérience condamne cette opinion. S'il est, et je le crois, dans une nation des hommes faits pour la conduire, c'est elle qui doit les trouver et les investir du soin de sa direction tant qu'ils en restent dignes ; c'est à une Assemblée, concentration exacte et fidèle des lumières et des sentiments du pays, à découvrir ces hommes exceptionnels, en essayant ceux qu'elle jugera les meilleurs.

Je dirai aux partisans du Gouvernement direct par le peuple, que ce serait une bien fatigante corvée pour nous tous que celle de faire nos lois et de nous gouverner : je ne sais si les lois y gagneraient plus que nous. Ces droits inaliénables que nous ne pouvons, disent-ils, déléguer, deviennent quelquefois de très-lourdes entraves et des charges onéreuses, comme on peut le voir dans le service de la garde nationale. Je demande pour la Nation le droit de se débarrasser de ces droits, quand ils la gênent, et de les déléguer, quand elle le veut, à ceux de ses membres qu'elle juge le plus propres à les exercer dans son intérêt. Le Gouvernement direct du peuple n'aurait de raison d'être que si, une hypothèse que j'ai faite plus haut se réalisant, les citoyens votaient généralement pour eux-mêmes dans l'élection de leurs représentants : il serait juste alors de leur remettre cette direction d'eux-mêmes qu'ils réclame- raient ainsi. Jusque-là, et je ne crois pas que cette hypo- thèse se réalise jamais, je pense que le pays trouve bon que chacun reste à sa place et fasse le travail auquel il est propre ; et je suis convaincu qu'il sera pleinement satisfait de choisir chaque année les citoyens qu'il voudra charger du soin de sa direction politique.

Le système d'élections naturelles peut s'appliquer à toutes les élections, quelle que soit la réunion d'électeurs à représenter; il pourrait ainsi donner directement les conseils généraux de département, ceux d'arrondissement et de canton, et les conseils municipaux, en prenant des échelles de réduction de plus en plus grandes ; il pourrait même être employé, si on adoptait le suffrage indirect, à l'élection du corps électoral.

Pour en donner un exemple, je vais montrer comment on pourrait en tirer la formation des différentes Assemblées chargées de régler les intérêts collectifs du pays à ses divers degrés de division, en faisant engendrer ces Assemblées les unes des autres de la manière suivante:

Dans chaque commune (les villes seraient divisées en communes de 2,000 ames au plus), le suffrage complètement universel et direct, appliqué comme nous venons de le voir, donnerait chaque année, par une réduction au centième, un certain nombre de citoyens représentant chacun cent personnes, et recevant pour trois ans le double mandat de *conseiller communal* et d'*électeur cantonal* (1).

Chaque année tous les conseillers communaux d'un canton, formant le corps électoral de ce canton, nommeraient, par une réduction au trentième pour eux et au millième pour la population, un certain nombre d'entr'eux recevant pour trois ans le double mandat de *conseiller cantonal et d'é-lecteur départemental.*

---

(1) Dans les villes, on pourrait former, *en outre*, un conseil municipal par la rénuion de leurs conseils communaux, ou, si cette réunion donnait une Assemblée trop considérable, par sa réduction à une échelle variable suivant la population de chaque ville.

Tous les conseillers cantonaux d'un département, formant le corps électoral de ce département, nommeraient également, par une réduction au trentième pour eux, au dix-millième pour la population, un certain nombre d'entr'eux recevant pour trois ans le double mandat de *conseiller départemental* et d'*électeur national.*

Enfin tous les conseillers départementaux, formant le corps électoral de la Nation, nommeraient, par une nouvelle réduction au trentième pour eux, au cent-millième pour la population, un certain nombre d'entr'eux recevant pour trois ans le mandat de *conseiller national* ou membre de l'Assemblée nationale.

Que ne puis-je ajouter qu'ils recevraient aussi le mandat *d'électeur européen* pour élire de concert avec les *conseils nationaux* des autres parties de l'Europe, *un conseil européen* devant régler les intérêts collectifs de cette partie du monde, sans recourir au triste droit du canon! Mais cette institution, dont les congrès diplomatiques européens sont le germe, est réservée à un avenir trop éloigné encore.

Pour nous en tenir à notre chère France, j'avoue que j'ai été séduit par cette idée du suffrage complètement universel à la base, s'exerçant par échelons et engendrant cette série complète d'Assemblées résumant les différentes parties du pays et réglant ses intérêts collectifs à divers degrés, parfaitement liées entr'elles, puisqu'elles proviendraient les unes des autres, chacune étant l'élue du degré inférieur et élisant le degré supérieur ; mais sachant quelle difficulté les idées nouvelles ont à être admises, j'ai cru devoir me borner à exposer avec détail

l'application du nouveau procédé électoral à l'élection directe d'une Assemblée nationale. Je crois d'ailleurs que
c'est le premier progrès et le plus facile à accomplir ; et
je suis convaincu qu'il aura lieu tôt ou tard, parce qu'il
est dans la nature des choses. Lorsque ce pas aura été
fait, ce sera aux nouvelles Assemblées nationales issues des
élections naturelles, à organiser à tous les degrés le système rationnel d'élection, et à choisir entre le suffrage direct pour les Assemblées de tous les degrés, et le suffrage
indirect par séries.

Le nouveau système d'élections naturelles, applicable,
comme je l'ai dit, pour toute espèce d'élections, peut être
essayé dans les réunions libres, comme les Sociétés indus-
trielles et littéraires, les Cercles de lecture, de jeu et de
conversation, les Assemblées préparatoires d'électeurs : il
est même probable que c'est de cette manière principa-
lement qu'il pourra être apprécié, connu et adopté. J'engage
les personnes qui reconnaîtraient la justesse, l'utilité et
l'importance du nouveau système, à le faire essayer quand
elles en trouveront l'occasion.

Je crois devoir terminer par un résumé sommaire du
nouveau système d'élections naturelles, rappelant en quelques lignes la série logique des idées qui l'ont créé et des
conséquences qui en découleraient. J'engage les personnes
qui ont eu le courage de parcourir cette brochure, à lire ce
résumé, où elles trouveront le système débarrassé de tous
les détails qui en ont entravé l'exposition.

RÉSUMÉ SOMMAIRE

DU NOUVEAU SYSTÈME D'ÉLECTIONS NATURELLES.

Pour obtenir par l'élection une Assemblée, représentation exacte et complète d'un ensemble d'électeurs, il faut deux conditions :

CHAQUE ÉLECTEUR DOIT ÊTRE FIDÈLEMENT REPRÉSENTÉ PAR SON VOTE ;

TOUS LES VOTES DOIVENT ÊTRE REPRÉSENTÉS.

Pour que le vote représente bien le votant, chaque électeur doit pouvoir choisir, avec une liberté complète, le candidat qui lui convient le mieux, et porter dans son bulletin cet unique candidat.

Pour tenir compte de tous les votes, il doit être fait un seul dépouillement général de tous les votes réunis.

La liste des candidats étant dressée par ordre de suffrages, on serait conduit, pour que tous ces suffrages fussent représentés, à admettre tous les candidats, en donnant à chacun, dans les délibérations de leur Assemblée, un nombre de voix égal à celui qui l'aurait nommé. Le nombre illimité des candidats rendant cette disposition impossible, on est obligé de le restreindre et d'arrêter leur liste à un certain minimum de suffrages. On doit alors, pour retrouver les suffrages perdus, appeler tous les électeurs à voter dans un nouveau scrutin pour un des candidats admis.

On est ainsi conduit à faire deux scrutins successifs : le

premier préparatoire déterminant les candidats , le second définitif entre ces candidats.

La réunion de ces candidats ayant chacun dans leurs délibérations un nombre de voix égal à celui qu'ils ont obtenu dans le scrutin définitif, formerait incontestablement une représentation directe , exacte et complète de l'ensemble des électeurs : mais cette inégalité , acceptable dans des réunions peu nombreuses ayant un petit nombre de votes à émettre sur des sujets déterminés, apporterait trop de difficulté dans les délibérations de nombreuses Assemblées , et choquerait trop les habitudes pour être acceptée dans ce cas.

Nous devons donc chercher à donner aux membres de l'Assemblée des droits égaux ; pour avoir des droits égaux, ils doivent représenter un même nombre de suffrages. Or les candidats obtiennent des nombres de suffrages fort inégaux , soit dans le scrutin préparatoire d'où est sorti leur liste , soit dans le scrutin définitif. Il serait impossible d'obtenir des électeurs, en laissant leur vote libre et secret, une égale répartition de leurs suffrages.

Pour obtenir cette égale répartition, nous ne pouvons que nous adresser aux candidats eux-mêmes; il nous suffit d'admettre que l'électeur, en choisissant librement son candidat , lui donne, pour le cas où il ne peut le représenter lui-même , le droit de reporter son suffrage sur celui des autres candidats qu'il en juge le plus digne.

Le nombre de voix que doit représenter chaque membre de l'Assemblée étant fixé par la loi , tous les candidats qui ont dépassé ce nombre sont naturellement élus. Pour que l'excédant de leurs suffrages ne soit pas négligé, ils doivent le reporter, à leur choix, sur les candidats n'ayant pas atteint ce chiffre; ceux que cette addition de suffrages amène au nombre voulu, sont élus à leur tour.

Les candidats restants sont ensuite appelés à faire ce report de suffrages, à partir du dernier, chacun déléguant au-dessus de lui, quand vient son tour, les suffrages qu'il a reçus en nombre insuffisant. Tous ces suffrages sont ainsi répartis par groupes égaux au nombre légal sur un certain nombre de candidats qui sont élus.

Pour détruire toute objection légitime à ces délégations de suffrages nécessaires pour conduire à leur égale répartition, les candidats doivent faire une première fois cette opération après le scrutin préparatoire; mais elle n'est alors que provisoire, ayant pour seul but de faire connaître aux électeurs, comment les candidats entre lesquels ils doivent se prononcer dans le scrutin définitif, opéreront la délégation des suffrages qu'ils ne pourront représenter eux-mêmes.

L'électeur est ainsi éclairé autant que possible dans son choix entre tous les candidats au scrutin définitif, et on légitime complètement l'opération accomplie après le second scrutin, dont les résultats sont définitifs, et qui donne une réunion d'élus représentant un même nombre de voix chacun, toutes les voix étant comptées.

Le but cherché est ainsi atteint autant que possible, et le résultat définitif de l'élection est une réduction exacte et complète du corps électoral à une échelle déterminée par le nombre de voix que doit représenter chaque élu. Si le corps électoral représente bien le pays, sa réduction exacte sera une réduction exacte du pays lui-même.

Pour qu'il y ait constamment unité entre le Pays et l'Assemblée qui le représente, il doit être consulté tous les ans par une élection annuelle.

Pour qu'il y ait tradition et stabilité dans le Gouvernement, l'Assemblée nationale doit être formée par la réunion d'un certain nombre de contingents annuels successifs, le nouveau remplaçant chaque année le plus ancien.

L'Assemblée ainsi formée, étant l'image fidèle du pays, peut se passer de constitution ; elle organise et modifie quand il le faut le Gouvernement, suivant la volonté du pays, dont elle est l'exacte expression.

Le procédé exposé a pour principes :

UNITÉ D'ÉLECTION ;

VOTE ÉCLAIRÉ ET LIBRE REPRÉSENTANT FIDÈLEMENT LE VOTANT ;

ÉGALE REPRÉSENTATION DE TOUS LES VOTES.

Pour caractères :

UNITÉ DE VOTE DANS LE BULLETIN ;

UNITÉ DE DÉPOUILLEMENT DANS LE PAYS ;

ELECTION PRÉPARATOIRE DÉTERMINANT LES CANDIDATS.

ELECTION DÉFINITIVE ENTRE CES CANDIDATS ;

DÉLÉGATION ENTR'EUX PAR LES CANDIDATS DES SUFFRAGES QU'ILS NE PEUVENT REPRÉSENTER DIRECTEMENT ;

RENOUVELLEMENT PARTIEL CHAQUE ANNÉE DE L'ASSEMBLÉE NATIONALE PERMANENTE.

Pour conséquences :

ELECTIONS CALMES ET FACILES ;

EXACTE, FIDÈLE ET COMPLÈTE REPRÉSENTATION DU PAYS ;

UNITÉ DE LA NATION ET DE SON GOUVERNEMENT.

Je terminerai en conjurant tous les hommes à l'esprit sérieux, au cœur dévoué, qui auront eu le courage de me suivre dans ces arides détails, dans ces fatigantes répétitions, de vouloir bien réfléchir et travailler sur l'idée que je leur soumets et que je crois bonne, quoique mal exposée. Je suis convaincu qu'ils l'amélioreront, la rendront tout-à-fait applicable, si elle ne l'est pas déjà, et, l'exposant mieux que je ne puis le faire, pourront la vulgariser et la faire adopter. Ils contribueront ainsi à fermer enfin l'ère des révolutions violentes, comme je le désire et l'espère ardemment de toute mon ame, et à ouvrir celle du progrès pacifique et continu de l'humanité vers des destinées plus heureuses.